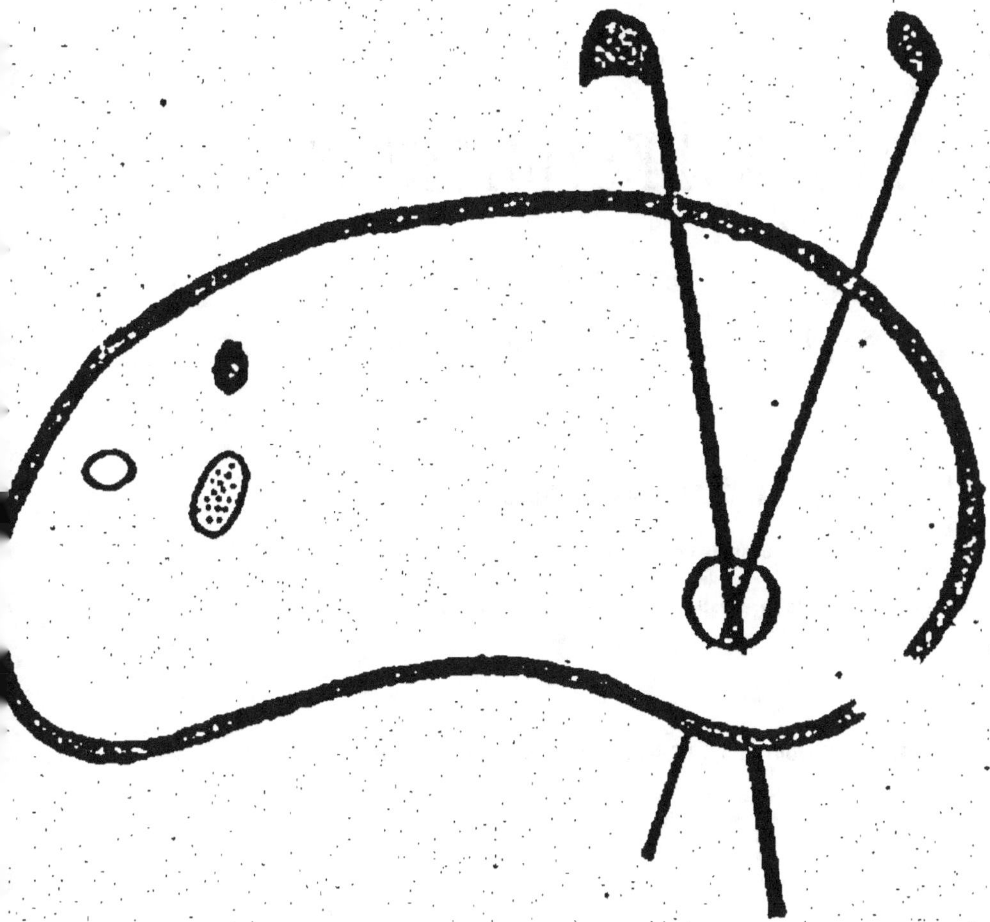

**DEBUT D'UNE SERIE DE DOCUMENTS
EN COULEUR**

L'ÉCOLE DES CHARTES

SON PASSÉ

SON ÉTAT PRÉSENT — SON AVENIR

PAR

A. VALLET (DE VIRIVILLE)

Membre des Conseils de la Société de l'École des Chartes
et de la Société Franklin
pour la propagation des Bibliothèques populaires.

Extrait du Journal LE TEMPS, n^{os} des 8 et 11 septembre 1867

PARIS

IMPRIMERIE CH. SCHILLER, 10, FAUBOURG MONTMARTRE

1867

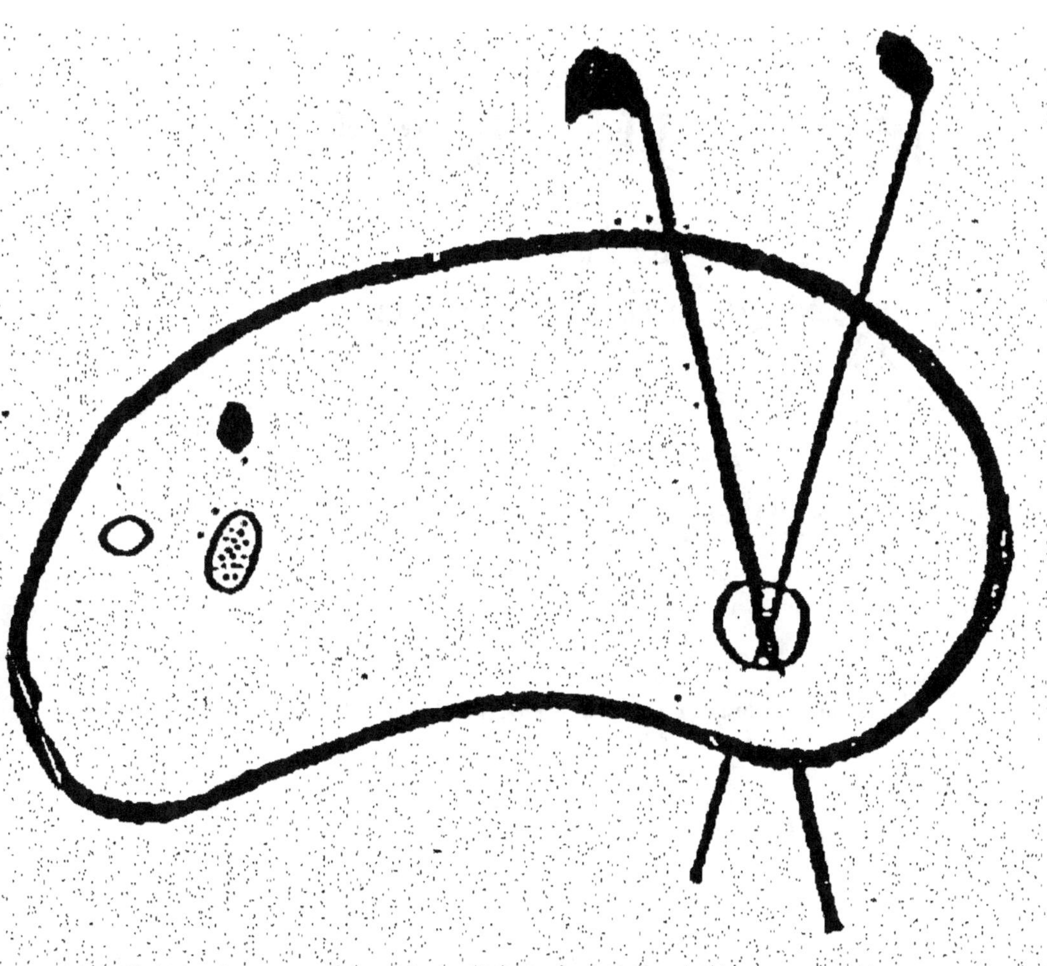
FIN D'UNE SERIE DE DOCUMENTS
EN COULEUR

L'ÉCOLE DES CHARTES

SON PASSÉ

SON ÉTAT PRÉSENT — SON AVENIR

PAR

A. VALLET (DE VIRIVILLE)

Membre des Conseils de la Société de l'Ecole des Chartes
et de la Société Franklin
pour la propagation des Bibliothèques populaires.

Extrait du Journal LE TEMPS, n°ˢ des 8 et 11 septembre 1867

PARIS

IMPRIMERIE CH. SCHILLER, 10, FAUBOURG MONTMARTRE

1867

L'ÉCOLE DES CHARTES

SON PASSÉ,

SON ÉTAT PRÉSENT, — SON AVENIR

I

Dans le cours de l'avant-dernière session, l'Ecole des chartes a obtenu au Corps législatif un mémorable succès. A l'occasion du budget, un honorable député de Paris, qui, avant d'être le représentant politique de la capitale, était (ce qu'il est encore) l'une de ses illustrations littéraires, M. Eugène Pelletan, a présenté à la Chambre diverses observations en faveur de cette Ecole. Le discours du député de la Seine n'a pas rencontré un seul contradicteur. Loin de là, des échos sympathiques lui ont répondu sur les bancs de la majorité, aussi bien que sur les siéges de MM. les commissaires du gouvernement. Cette unanimité, si rare en elle-même, est le témoignage le plus flatteur que puisse ambitionner l'institution qui l'a provoquée.

Nous ne répéterons donc pas ce qu'a si bien dit M. Pelletan, *nemine contradicente*. Ce qu'il a exprimé éloquemment et avec succès, serait désormais superflu et peut-être peu séant sous notre plume. Heureux, lorsqu'un patron aussi autorisé vous dispense de plaider vous-même, *pro domo suâ, pro aris et focis!*

Nous ne reviendrons pas sur les points qu'a touchés M. Pelletan (1). Mais au moment où l'Ecole des chartes va reprendre le cours annuel de son enseignement, nous pensons qu'il est opportun de rappeler en peu de mots ce qu'elle est, les services qu'elle a pu rendre, et surtout les améliorations qui lui seraient nécessaires pour justifier de mieux en mieux les témoignages si graves, si honorables et si bienveillants, qui l'ont soutenue et encouragée jusqu'à ce jour.

L'Ecole des chartes, fondée par ordonnance royale du 22 septembre 1821, réformée et améliorée par celles des 16 juillet 1823 et 12 novembre 1829, doit enfin à l'ordonnance de Louis-Philippe, contresignée Salvandy, en date du 31 décembre 1846, la réorganisation de là-

______

(1) Voir le *Moniteur universel* du 22 juin (séance du 21) 1865.

quelle datent la période la plus récente de son existence et son état actuel.

Cette institution a pour but de former, pour le service du pays, trois ordres principaux de sujets ou de fonctionnaires, savoir :

1° Des savants libres ou érudits, particulièrement versés dans la connaissance de nos annales et des sources de notre histoire;

2° Des conservateurs préposés aux archives publiques;

3° Des conservateurs de bibliothèques publiques.

Nous allons dire maintenant comment elle fonctionne.

L'Ecole des chartes est située à Paris, rue de Paradis, au Marais, 18. Elle occupe un emplacement qui attient au vaste et magnifique palais, l'hôtel Soubise, affecté à la Direction générale des archives; mais le local de l'Ecole est parfaitement distinct, et lui est exclusivement approprié. Le cours des études forme un cercle ou période de trois années. Il s'ouvre annuellement le premier mardi de la deuxième quinzaine de novembre (soit, en 1867-68, le mardi 19), et se continue l'année suivante, jusqu'à l'époque où ont lieu les examens. Pour être admis à l'Ecole des chartes comme élève titulaire, il faut et il suffit, 1° d'être Français; 2° âgé de moins de vingt-quatre ans révolus à la date de l'inscription, qui coïncide avec la rentrée; 3° produire, avec son acte de

naissance, le diplôme de bachelier ès lettres.

Pour les auditeurs libres ou bénévoles,
l'enseignement est public et gratuit. Pour
les élèves, il n'est pas seulement gratuit;
il est, comme on le dira bientôt, rémuné-
ratoire.

L'Ecole se compose de sept professeurs,
dont l'un a la correspondance administra-
tive et le titre de directeur. Le secrétaire
tient les registres, la caisse et les collections. Un conseil de parfectionnement,
nommé en général par l'Académie des
inscriptions, et composé de huit personnes, appartenant presque toutes à cette
classe de l'Institut, préside à l'impulsion
supérieure. Tous les ans, vers la fin de
juillet, ce personnel s'assemble, avec les
professeurs, à l'état de jury d'examen.
Une bourse annuelle, comme il sera dit
ci-après, est décernée aux élèves qui se
sont acquis les premiers rangs.

Les sept chaires ou sept professeurs
sont répartis entre les trois divisions, ou
trois années de l'Ecole. Dans la première
année, les élèves suivent trois cours, en
quatre leçons, par semaine, (d'une heure
à deux heures de durée chacune,) qui leur
sont données par trois professeurs (1). A
l'aide de fac-similés lithographiés et iden-
tiques entre eux, ils sont exercés d'abord

---

(1) L'un des trois professeurs fait deux leçons à
la même *année*. Les autres se partagent entre
deux *divisions*.

à déchiffrer et à lire le texte des chartes et des manuscrits du moyen âge, conçus en latin.et dans les divers dialectes primitifs de notre langue vulgaire. Ces textes, une fois lus, sont traduits. Le professeur les explique et les commente. Un philologue spécial enseigne la grammaire et la syntaxe de cette langue primitive, (où se trouvent la clef, les origines et la généalogie scientifique de notre langue actuelle).

A la fin de la première année, les élèves comparaissent devant le jury d'examen pour subir une double épreuve, la première orale et publique, la seconde écrite et *en loge*. Cette dernière est prépondérante. Elle est jugée à huis-clos, mais sur pièces anonymes. Chaque copie ou composition, munie d'une devise, est accompagnée d'un pli cacheté, qui contient la répétition de cette devise, signée par l'auteur de la copie correspondante. Le pli n'est ouvert, et par conséquent l'individualité des candidats ne se révèle au jury, que lorsque le classement est arrêté. Les deux premiers de la liste, par ordre de mérite, jouissent à la rentrée suivante d'une prime d'encouragement, ou bourse de 600 fr. par an. Ils sont pensionnaires de l'Ecole des chartes. Leurs concurrents, qui suivent sur la liste, passent, comme les deux premiers, élèves de deuxième année. Ceux qui n'ont pas satisfait à l'examen, ou *fruits-secs*, ont le choix : soit de renoncer à leurs illusions

en quittant l'Ecole et de chercher une autre voie; soit d'être autorisés par le ministre de l'instruction publique, et sur leur
demande motivée, à *redoubler;* soit de re-
commencer, si bon leur semble, mais
comme simples auditeurs libres, et non
plus comme élèves de l'Ecole.

En deuxième année, trois professeurs
donnent également quatre leçons par semaine, en trois cours. La lecture (qui est
le fonds perpétuel de l'enseignement ou
de la profession paléographique), est con-
tinuée. L'intelligence intime des actes et
des textes, leurs caractères distinctifs, base
de leur classement, leur intérêt scientifique ou historique, sont abordés et étu-
diés d'une manière plus approfondie.
L'un de ces cours traite du classement
des actes et des diverses espèces de livres,
tant manuscrits qu'imprimés. Il enseigne
la technologie de l'archiviste et du bibliothécaire. Cette année se termine par un
double examen, en la même forme que
le précédent. Les bourses sont remises au
concours et leur nombre est porté à trois.
Les *derniers* peuvent se racheter par leur
mérite et devenir les *premiers.*

La troisième année, la plus laborieuse,
a quatre cours et trois professeurs, et de
même quatre leçons par semaine. Les é-
lèves y étudient, toujours sur des textes
originaux autant que possible, la géogra-
phie politique, ecclésiastique et civile du
moyen âge ; les institutions, les monnaies,
poids et mesures ; l'archéologie des mo-

numents et des meubles; l'art et l'indus-
trie; les éléments du droit civil, canoni-
que et féodal.

A la suite de l'examen qui clôt cette
année, les concurrents sont d'abord jugés
admis ou *non admis* à passer outre. Les
non admis partagent le sort et la condi-
tion que nous avons dits en parlant des
années précédentes. Les admis présen-
tent, au mois de janvier suivant, une thèse
manuscrite, sur un sujet de leur choix,
qu'ils ont préparé et commencé de ré-
diger à l'avance. Cette thèse, comme
celles des anciennes Facultés, est soutenue
en séance publique. Elle est exposée par
les candidats (1); chacun des juges peut
interpeller le concurrent sur tel ou tel
point, et l'auteur, dans sa réponse, s'explique, se justifie ou se corrige (2).

Un dernier verdict est alors rendu par
le jury. Quelques-uns des candidats é-
chouent parfois au port, et sont encore
refusés, dans les conditions que nous
avons dites. Les autres sont classés par
ordre de mérite, et constituent une pro-

____

(1) Les *positions,* ou résumés de ces thèses,
sont imprimées collectivement aux frais de la
promotion, et distribuées aux juges dès le mois
d'octobre ou de novembre, qui précède la *soute-
nance* ainsi que la thèse même, manuscrite et
achevée, de chaque candidat.

(2) Les meilleurs de ces opuscules sont ordi-
nairement revus par les auteurs et imprimés
in extenso, soit dans la *Bibliothèque de l'Ecole des
chartes,* soit à l'état de publications spéciales.

motion. Ils reçoivent du ministre de l'instruction publique le titre et le brevet, ou diplôme, sur parchemin, d'archivistes paléographes.

Les trois premiers archivistes paléograpes de chaque promotion restent pensionnaires, ou agrégés de l'Ecole (1). Ils jouissent du traitement de 600 francs pendant trois ans, à moins que, dans cet intervalle, ils aient été appelés à un emploi rétribué.

Le titre et le diplôme d'archiviste paléographe donnent droit aux avantages suivants :

Les agrégés d'histoire pour les lycées qui sont archivistes paléographes, sont dispensés de ce que l'on appelle le *stage d'enseignement* (2). Ils sont, à cet égard, assimilés aux élèves sortant de l'Ecole normale.

Tout archiviste paléographe est candidat de droit aux emplois ci-après indiqués :

1° Auxiliaires de l'Institut, c'est-à-dire attachés en sous-ordre à la rédaction des travaux ou grands ouvrages, publiés par

---

(1) L'agrégation de l'Ecole des chartes n'existe qu'en germe. Elle appelle de nouveaux developpements. Elle devrait fournir au concours des professeurs libres, des professeurs agrégés et des suppléants.

(2) Les agrégés ordinaires de l'Université sont tenus de justifier, pour être admis, qu'ils ont exercé l'enseignement de la jeunesse dans un établissement public durant deux années.

l'Académie des inscriptions et belles-lettres. Indemnité annuelle, 1,200 et 1,500 francs.

2° Fonctionnaires de l'Ecole : traitement de 1,600 à 5,000 francs.

3° Archivistes, sous-chefs, chefs de section à Paris (direction générale des Archives), 1,800 à 8,000 francs.

4° Archivistes des départements, 1,800 à 4,000 francs.

5° Inspecteurs généraux des archives départementales, 6 et 8,000 francs.

6° Bibliothécaires des bibliothèques publiques à Paris et dans les départements (mémoire).

Nous reviendrons plus loin sur la manière dont ces droits ou prétentions légales se réalisent dans la pratique.

Les élèves de l'Ecole ont formé entre eux, depuis 1839, une association destinée à servir de centre commun à leur amitié, à leurs intérêts et à leurs travaux. Tous les ans, après le renouvellement électif du bureau, un banquet fraternel réunit tous les associés présents à Paris qui veulent y prendre part. Ils publient un recueil périodique formant chaque année un volume, contenant des mémoires, des documents inédits et une chronique bi-mensuelle. Ce recueil est intitulé : *Bibliothèque de l'Ecole des chartes.*

Comme on a pu le voir par le programme de l'enseignement, l'Ecole des chartes

n'est plus seulement l'Ecole *des chartes* (1).
On peut aujourd'hui la nommer, sans cesser d'être véridique, une *Ecole spéciale*, ou *supérieure d'histoire et d'archéologie nationales*. L'une des réformes qu'attend cette institution et qu'elle obtiendra certainement du temps et du sens commun, sera de substituer à la première de ces dénominations la seconde, qui demeure seule en harmonie avec la chose ou l'institution à dénommer.

L'Université de Paris s'énorgueillissait au moyen âge d'avoir enfanté les Universités de Prague, de Heidelberg, etc., qu'elle appelait ses filles, et qui avaient propagé sa lignée dans les diverses régions de la chrétienté. L'Ecole des chartes de France peut revendiquer un semblable honneur. Les *Ecoles de diplomatique, paléographie et antiquités* de Madrid, de Naples, de Florence et de Venise, qui fonctionnent avec succès de nos jours, ont été instituées, organisées et copiées sur le modèle de Paris.

Le gouvernement de Russie et celui

----

(1) L'Ecole doit sans doute ce *petit-nom*, ou sobriquet, à une fantaisie de son royal parrain et fondateur, Louis XVIII, auteur de la *Charte* de 1814. En 1821, l'Académie manquait d'auxiliaires pour la lecture et la publication des *chartes*. De là le nom qui nous est resté. L'Ecole d'aujourd'hui n'est pas plus l'Ecole des chartes que l'Ecole de médecine n'est l'école des *cadavres* (anatomie), ou l'Ecole des beaux-arts, celle des *plâtres* (dessin de la ronde-bosse).

d'Autriche ont fait prendre des renseignements officiels pour créer de semblables institutions à Pétersbourg et à Vienne. Dernièrement, un commissaire du Record-Office de Dublin, est venu au siége de notre école, recueillir personnellement des informations pour créer un pareil établissement en Irlande, dans le dépôt même des archives métropolitaines de cette île. Le nom et l'exemple de l'institution parisienne sont connus et appréciés des antiquaires anglais, que tant de liens historiques rattachent à leurs confrères de France. Une modification considérable s'opère, en Angleterre, dans les esprits, depuis quelques années, quant à l'intervention de l'État ou à son immixtion aux affaires publiques, et notamment aux questions d'instruction publique. Des premiers pas accomplis récemment en un certain sens, nous serions disposé à conclure que les *Record-Offices* (dépôts d'archives) de Londres et d'Edimbourg (1), auront prochainement leur école de diplomatique; *filles*, comme celle de Dublin, de l'Ecole française. Les études paléographiques, la philologie du moyen âge, voire la *littérature provençale* sont cultivées et enseignées avec éclat par les savants professeurs des universités d'outre-Rhin.

Quelles que soient la richesse et la va-

____

(1) Voir l'écrit intitulé *Odds and Ends*, n° 7 ; *Notes from Paris* (par un correspondant écossais du journal le *Times*); *Edinburgh*, 1865, in-12, p. 3⁵.

riété de cet enseignement, plus d'une fois les Pertz, les Dietz, les Massmann ont applaudi aux travaux de nos paléographes et au mode qui préside chez nous à la transmission ainsi qu'au perfectionnement de cette branche de la science. Le spirituel orateur que nous citions au commencement de cette étude, a donc pu dire avec raison, en traitant le même sujet qui nous occupe : « C'est une école de hautes études historiques, la seule peut-être que la studieuse Allemagne puisse nous envier. »

Nous venons d'exposer sommairement l'état actuel de l'Ecole des chartes ainsi que son passé. Il nous reste à présenter quelques observations sur les difficultés qui nuisent à son plus grand essor, et sur les améliorations qui, selon nous, pourraient y remédier.

L'Ecole des chartes, toute petite et toute modeste à l'origine, a grandi et s'est développée peu à peu, sûrement et progressivement. Chacune des réformes et des améliorations qu'elle a reçues a été, en quelque sorte, dictée par l'expérience. Chacune de ces améliorations a produit, à point nommé et comme à coup sûr, les résultats attendus et des fruits nouveaux. Une ligne d'inductions nous est donc toute tracée pour montrer les perfectionnements dont cette institution nous paraît, aujourd'hui, susceptible.

Dès le principe, une difficulté, qu'il était cependant bien facile de prévoir, arrêta le développement de la naissante Ecole. L'ordonnance de fondation (1821) n'assignait aucune carrière précise, ni aucun emploi aux élèves. Celle du 11 novembre 1829 pourvut à cette lacune en disant, article 9 : « Les archivistes paléographes obtiendront, par préférence à tous autres candidats, la moitié des emplois qui viendront à vaquer dans les bibliothèques publiques (notre bibliothèque de la rue de Richelieu exceptée), les archives du royaume et les divers dépôts littéraires. » Par dépôts-littéraires, il faut entendre ici les archives et les bibliothèques publiques.

L'ordonnance de 1846 est plus précise et plus explicite, article 19 : « Le diplôme d'archiviste paléographe donne droit... aux fonctions d'archivistes des départements ; à celles d'employés dans les bibliothèques publiques du royaume, dans la proportion d'une place sur trois vacances. Les bibliothécaires ou employés dans les bibliothèques communales doivent être pris, soit parmi les anciens élèves de l'Ecole des chartes, soit parmi les employés à la mairie, etc. »

Ainsi, trois ordres d'emplois, nous devons le répéter, ont été, depuis 1829, *promis* aux archivistes paléographes : 1° emplois scientifiques à Paris ; 2° archives, 3° bibliothèques publiques.

Depuis environ vingt ans, les deux premières catégories de fonctions sont régulièrement affectées, selon le vœu de la loi, à des archivistes paléographes. Mais pour le troisième article (bibliothèques publiques), toutes les sollicitations, toutes les réclamations, individuelles ou collectives, ont été jusqu'ici impuissantes à obtenir le même résultat.

La société de l'Ecole des chartes, dans l'une de ses dernières séances ordinaires ou mensuelles, a décidé que, sous ses auspices, une statistique des élèves de l'Ecole des chartes et de leur situation, depuis l'origine, serait dressée d'après les archives administratives. Ce travail minutieux s'opère en ce moment. Les résultats précis n'en sont point encore connus. Mais nous pouvons en extraire d'avance quelques données instructives, et en nombres approximatifs.

Elèves inscrits depuis 1821 jusqu'en 1867, environ   450
Diplômés,   222

Employés à Paris, savoir :

Personnel de l'Ecole,	8	
Auxiliaires de l'Institut,	6	
Inspecteurs généraux des archives,	4	
Employés à la direction génér^{le}	29	65
Dans les bibliothèques de Paris,	13	
Attachés à divers administrations publiques,	5	

Dans les départements :

(Sur 89 archivistes) aux chefs-lieux,	61	
Bibliothécaires (sur 340 bibliothèques)	2	63

Diplômés employés,   118
Morts ou sans emplois,   104

Total égal,   222

Les bibliothèques publiques, sont au nombre d'environ 350, savoir :

A Paris, entretenues par l'Etat, 5⎫
    — par la ville ou des   ⎬ 10
    institutions diverses, 5⎭
Dans les départements   340
____
      Total,   350

Sur les cinq bibliothèques de l'Etat, le nombre de 13, qui est celui des archivistes-paléographes attachés (actuellement ou par le passé depuis 1821), à ces établissements, est bien loin de former le *tiers* du personnel total (1). L'ordonnance qui régit la matière n'a donc pas reçu encore sur ce point tout l'accomplissement désirable (2); mais enfin elle est en voie d'application.

Les cinq autres bibliothèques de Paris et les 340 bibliothèques des départements

____

(1) Le nombre total des employés qui forment à Paris le personnel des bibliothèques entretenues par l'Etat, s'élève, (d'après le budget de 1867-8, à 120 personnes, en chiffres ronds.

(2) Sur les 13 paléographes employés dans les bibliothèques de Paris, huit au moins sont attachés à la Bibliothèque impériale; or cette bibliothèque est dispensée exceptionnellement de l'*obligation* édictée par l'article 9 de l'ordonnance de 1829. Quant aux autres, sur un personnel d'environ soixante employés, deux de ces bibliothèques ont chacune deux diplomés; les deux autres n'en ont pas et n'en ont jamais eu un seul.

échappent au contrôle ou à l'autorité effective de l'administration supérieure. A cet égard, les promesses stipulées, réitérées en faveur des archivistes paléographes, ces promesses, destituées de toute sanction, sont demeurées jusqu'à ce jour à l'état de lettre morte. C'est ici le point vif de la question. Qu'il nous soit permis d'entrer à ce sujet dans quelques développements.

Les archives et les bibliothèques publiques des départements sont issues en général, d'une commune origine. A l'époque de la Révolution de 1789, les unes et les autres ont été formées de matériaux fournis, en grande partie, par les corporations religieuses supprimées, et dont les biens étaient devenus propriétés nationales ou de l'Etat. Dans les plans gigantesques d'instruction publique, conçus par les législateurs des Assemblées constituante et législative, les bibliothèques publiques s'élevaient par étages, à côté de chaque école, depuis l'école primaire communale jusqu'à l'Institut, qui, d'après les plans primitifs, devait être un corps enseignant (1).

Rien de plus rationnel que cette disposition. La bibliothèque n'est-elle pas le résumé, le complément, parfois le correctif de toutes les écoles ; l'école finale et universelle.

---

(1) Voir le *Temps* du 19 juillet 1866, p. 3. Dans ce plan, la Bibliothèque nationale ou centrale était placée sous la direction de l'Institut.

Cependant, la Convention elle-même commença de scinder ce beau programme, trop vaste apparemment dans sa majestueuse unité. La loi du 9 pluviôse an II (27 janvier 1794), institua *isolément* les bibliothèques publiques au chef-lieu de chaque district, *en attendant* que chaque district eût lui-même ses écoles ! Depuis ce temps, les archives départementales, d'une part; et, de l'autre, les bibliothèques communales, ont vécu parallèlement d'une existence semblable, et la carrière qu'elles ont respectivement fournie, mérite d'être comparée.

Durant environ un demi-siècle (de 1790 à 1840), les archives départementales ont été abandonnées à un état de négligence et d'incurie (pour le moins aussi funestes pour elles que les *dévastations révolutionnaires*). Cet état de choses, au point de vue légal ou administratif, a duré précisément jusqu'en 1838. A cette époque, le gouvernement de Louis-Philippe soumit aux Chambres un projet de loi sur les attributions départementales et communales, qui devint la loi du 10 mai 1838, et qui a régi, jusque dans ces derniers temps, la matière. Un homme de sens et d'expérience, à qui l'administration publique et le service des archives en particulier doivent une grande reconnaissance, l'honorable M. Antoine Passy, ancien préfet, aujourd'hui membre de l'Académie des sciences morales, faisait alors partie de la Chambre des députés.

Directeur général des affaires communales au ministère de l'intérieur, M. Passy fut le rapporteur de cette loi. Il proposa et fit insérer dans l'article 12, sous le n° 19, un paragraphe spécial qui faisait passer les archives départementales du chapitre des dépenses *facultatives* à celui des dépenses *obligatoires*.

A partir de ce moment, les choses ont changé de face.

La *sanction* dont il s'agit était trouvée. C'est de là que date tout le travail qui, de notre temps, s'est opéré dans le service des archives départementales. Aujourd'hui, l'ordre, on peut le dire, a succédé, dans ce service, au chaos. L'Ecole des chartes est la pépinière où le personnel des archives se recrute de plus en plus régulièrement. Nos titres anciens sont confiés à des mains probes, compétentes et éclairées. Les conseils généraux ont apprécié et encouragé ces utiles fonctionnaires, dont la situation s'améliore chaque jour, comme ils ont (eux, archivistes) amélioré les dépôts commis à leur garde, en y introduisant l'ordre, la lumière et la bonne tenue. L'œuvre nécessaire et vraiment grandiose des inventaires imprimés, s'accomplit sûrement par des coopérateurs instruits de la même doctrine, et avec une méthode uniforme.

Les bibliothèques publiques sont demeurées en l'état où étaient les archives avant 1838. Ouvrons la statistique officielle qui rend compte du dernier recensement (1).

Nombre des bibliothèques publiques,   340

Nombre des bibliothèques dont le budget, affecté au personnel, s'élève au dessus de 1,000 francs (de 1,050 à 8,500) par an; (sur 89 chefs-lieux),   69

Nombre de celles dont le budget affecté au personnel s'élève au dessous de 1,001 fr. (de *quinze* à mille fr.),   142

Nombre de celles pour lesquelles aucune somme (0 fr. 0 c.) n'est allouée pour le personnel,   129

Total égal,   340

Maintenant, à titre de glose, sur ces chiffres, qu'il nous soit permis de citer un seul exemple.

Nous l'emprunterons à la deuxième catégorie qui précède (Traitements de 15 francs et au dessus), et qui est en majorité.

Il y a un certain nombre d'années, dans une ville de plus de 8,000 âmes, chef-lieu d'arrondissement, située au centre de la France, la place de biliothécaire devint vacante. La bibliothèque de cette ville,

---

(1) *Ministère de l'instruction publique. Tableau statistique des bibliothèques publiques des départements, d'après les documents officiels recueillis de 1853 à 1857. Paris, imprimerie Paul Dupont, 1857, in-8°.*

aujourd'hui encore (on comprendra plus loin le sens de ces mots), est riche de 279 manuscrits, quelques-uns de grande valeur, et d'environ 8,000 volumes imprimés. Cette place fut donnée par l'autorité municipale, comme retraite, au professeur de danse du collége, à qui ses jambes, par l'effet de l'âge, ne permettaient plus de continuer ses leçons. Ce professeur savait à peine lire et écrire. Bientôt d'ailleurs, la même infirmité ne lui permit plus aucune locomotion quelconque, et l'administration dut le pourvoir d'un auxiliaire ou suppléant. Le traitement du titulaire était de 300 francs. Qu'on juge par là de celui qui fut alloué au remplaçant (1). Pour remplir cet emploi, le choix de l'autorité tomba sur un ex-conducteur de diligence, déjà garçon de service et chargé de balayer la bibliothèque. Le bibliothécaire par intérim cumulait avec sa place, peu lucrative, le métier de commissionnaire en ville, portefaix et scieur de bois. Cet homme, très sordide et très avare, se faisait, par ses dehors, encore plus pauvre qu'il n'était. Il n'apprit et ne sut jamais le *prix* des livres que pour s'abandonner à de funestes inspirations. Durant le cours de sa gestion, qu'il exerçait seul et sans contrôle, des manuscrits, des

---

(1) La somme totale allouée, d'après la *statistique,* pour le personnel de cette même bibliothèque, était encore, au dernier recensement, de 370 fr.

volumes importants disparurent du dépôt. Mais ce dépôt n'avait point d'inven-
taire. La seule fonction que le *conserva-
teur* fût capable de remplir : l'estampil-
lage des volumes, fut celle aussi, et pour
cause, dont il s'acquitta le moins. Après
vingt-sept ans environ de tels services, il
mourut, toujours seul et sur un grabat.
Lors des formalités et des devoirs funé-
raires, on trouva deux clefs de fer liées
par une corde, que le moribond s'était
attachées au bras. Ces deux clefs don-
naient accès à une sorte de hangar, ou
capharnaüm, semblable aux antres de
nos chiffonniers. Quinze cents volumes y
gisaient pêle-mêle avec des loques, des
rogatons et des débris de toute espèce.
Les soustractions les plus certaines dont
la bibliothèque avait subi le préjudice, ne
pouvaient être constatées que par des
preuves testimoniales. Aucune revendica-
tion légale ne put être intentée (1).

Est-il besoin d'ajouter qu'une situation
légale, à l'ombre de laquelle de tels faits
peuvent se produire, appelle un remède
nécessaire.

---

(1) Nous n'avons pas cru devoir consigner ici
des noms propres. Mais toute personne intéres-
sée pourra vérifier, en remontant aux sources,
les allégations qui précèdent. On trouvera dans
la *Statistique officielle* (déjà citée), page 12, le
nom de la ville, qui est le 12e de la 2e colonne.
Voir en outre, pour plus de développements,
Bulletin du bibliophile de Techener, in-8°, octobre
1859, p. 662 et suiv.

L'intervention de l'Etat, fondateur, comme on l'a vu, de ces établissements, se justifie encore par ce motif, que la plus claire et la meilleure part des *acquisitions* qu'ont faites ces bibliothèques, consiste dans les dons ou distributions annuelles du gouvernement, c'est-à-dire de l'Etat. Elle se justifie enfin par une considération d'intérêt général, dont l'opinion publique est actuellement saisie, et qu'elle ne laissera pas s'éteindre ou *enterrer* stérilement.

De tous côtés, en effet, de nouveaux bourgeons poussent, à la lumière du bon sens et au soleil du patriotisme, sur le vieux tronc desséché des bibliothèques dites *publiques*. L'association privée organise, avec son zèle et avec ses deniers, des collections de livres, qui seront en rapport avec les besoins intellectuels et actuels des populations. Cette grande question des bibliothèques reviendra donc infailliblement dans l'enceinte législative.

Tout en laissant aux communes la liberté et le droit qui leur appartiennent, le bon ordre ne se produira, selon nous, dans cette branche de l'administration, que le jour où le législateur suivra, pour les bibliothèques, une marche analogue à celle qui a si bien réussi pour les archives départementales.

L'Ecole des chartes en recueillera également de son côté un complément d'avantages si légitime que la loi n'a pas cessé jusqu'ici de le lui... *promettre*.

Un second obstacle à un plus grand développement de l'Ecole, résulte du point topographique où elle est placée.

Parmi les jeunes gens qui se destinent à cette carrière, un nombre assez notable poursuivent en même temps le diplôme soit de docteur, soit de licencié en droit ou ès lettres, etc. L'impossibilité de se rendre aux mêmes jours, et vers la même heure, à l'Ecole de droit et à l'Ecole des chartes, qui sont assez éloignées l'une de l'autre, contraint ces élèves à opter entre elles, et parfois à les négliger toutes les deux.

L'instruction de l'Ecole des chartes n'a pas encore pénétré à l'Ecole normale.

Il serait cependant bien à désirer que les agrégés de grammaire fussent instruits des origines immédiates et de l'histoire directe de notre langue. Les lycées de l'empire (par une anomalie bien singulière), n'enseignent point l'idiome national. C'est, pense-t-on, l'affaire de l'enseignement primaire. D'un autre côté, les grammaires élémentaires et le Dictionnaire de l'Académie lui-même sont remplis d'*hérésies*, que ne constestera aucune personne, pour peu qu'elle soit au courant de l'état actuel de la philologie française (1).

-----

(1) A ce propos, nous citerons volontiers, comme un signe de la vérité de nos assertions, et comme une tentative honorable, une production récente intitulée : *La langue française depuis son*

Il résulte de là que l'Université envoie annuellement, dans les écoles spéciales et dans le monde, des bacheliers, voire des licenciés ès lettres, incapables d'écrire en français vingt lignes correctes, quant à la syntaxe, à l'orthographe et à la ponctuation. Déjà les agrégés de grammaire suivent, et avec toute raison, les cours de M. Bréhal au Collége de France (grammaire comparée) et de M. Egger, à la Sorbonne, sur la littérature grecque. Un cours de philologie française, tel que celui de l'Ecole des chartes, apporterait, selon nous, à la préparation de ces maîtres futurs en humanités, un complément d'instruction qui porterait des fruits très désirables.

Nous en dirons autant pour les agrégés d'*histoire*. L'enseignement de l'Ecole normal suffit, nous en convenons, pour apprendre à *faire une classe* d'histoire par devant nos jeunes lycéens. Mais ce n'est pas là, Dieu merci, que se borne la légitime ambition de nos professeurs. Beaucoup d'entre eux aspirent au doctorat, qui ouvre la carrière de l'enseignement supérieur; d'autres se distinguent en composant des ouvrages historiques. Or, il est de toute évidence que la connaissance des sources, la possibilité de lire les do-

---

origine, etc., ouvrage didactique qui a pour auteur M. Pellissier, agrégé de philosophie et professeur au collége Chaptal. — Paris, Didier, 1866, in-12.

cuments originaux, la possession des principes de la critique, sont indispensables pour produire des travaux qui puissent augmenter la somme de nos connaissances historiques.

Ces communications sont rendues impossibles par l'éloignement matériel des deux écoles.

En troisième lieu, le public qui fréquente la Faculté des lettres, le Collége de France et autres établissements du quartier Latin, renferme dans son sein un un contingent naturel qui suivrait les cours de l'École des chartes, s'ils étaient à leur portée. Ainsi se réaliserait l'une des vues les plus plausibles du législateur, qui a voulu que l'enseignement de l'Ecole des chartes fût public et gratuit.

Les vastes bâtiments de la Sorbonne sont dans un état de délabrement qui appelle une reconstruction prochaine. Dès 1853, cette reconstruction avait été décidée. L'ensemble des travaux à exécuter dans cet immeuble classique devrait comprendre, selon nous, un local isolé, ou pour le moins un corps de bâtiment spécial, destiné à l'*Ecole supérieure d'histoire et d'archéologie nationales*. Là, cet établissement trouverait enfin un domicile propre, au lieu de l'hospitalité charitable dont il a vécu jusqu'à ce jour.

Indépendamment de la studieuse population qui habite ce Mont-Aventin de la science, il aurait sous sa main et sous sa vue le musée de Cluny et ses précieuses reliques, les Thermes de Julien, Notre-Dame , Saint-Julien-le-Pauvre , Saint-Étienne-du-Mont, etc., ces autres reliques monumentales qui font le bonheur des archéologues, et qui enseignent d'eux-mêmes, à tous les yeux, l'histoire de l'architecture.

Ainsi donc, pour nous résumer : organisation des bibliothèques publiques, installation à neuf, sur un point quelconque, dans le quartier des Écoles, tels seraient, à nos yeux, les deux principales mesures qui pourraient servir à augmenter la prospérité et l'utilité de l'institution à laquelle nous avons consacré cette notice.

Paris. — Impr. Schiller, 10, Faub. Montmartre.

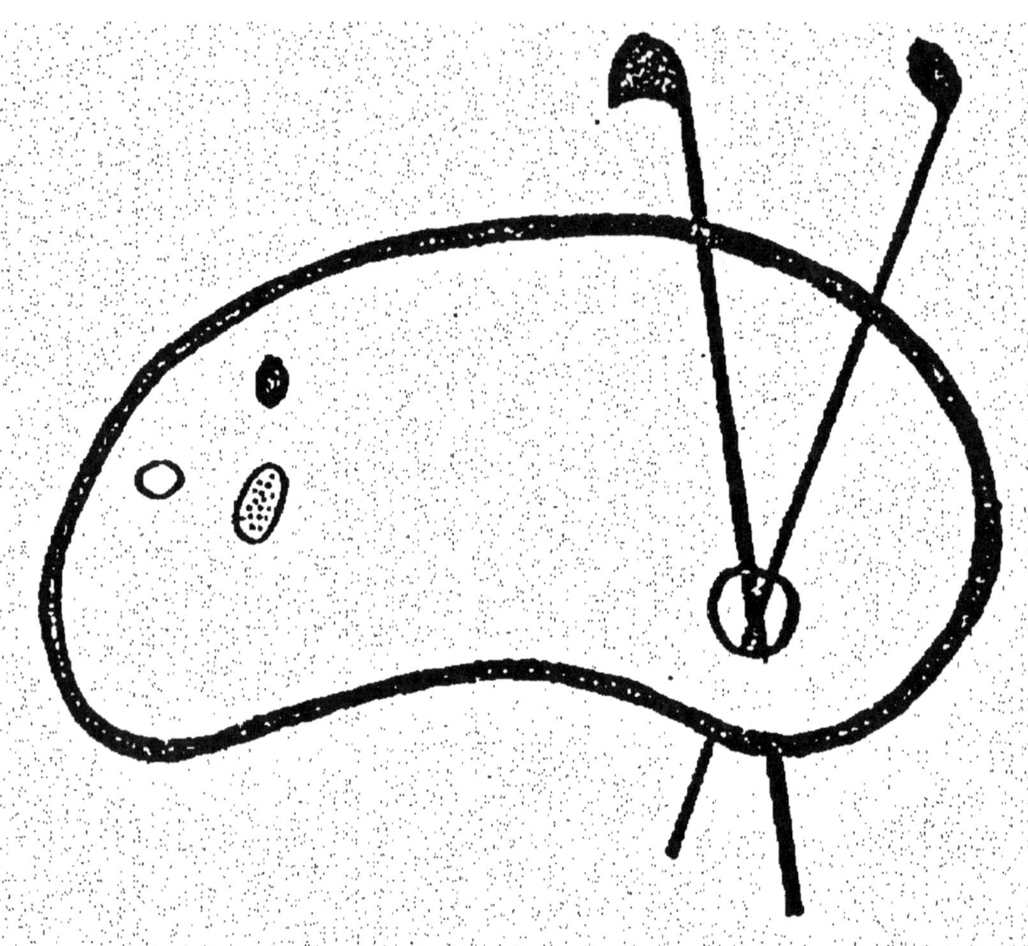